BEI GRIN MACHT SICH IHR WISSEN BEZAHLT

Katharina Gorski

Hilfeplangespräche gemäß § 36 SGB VIII anhand eines fiktiven Falls

GRIN Verlag

Bibliografische Information der Deutschen Nationalbibliothek:

Die Deutsche Bibliothek verzeichnet diese Publikation in der Deutschen National-
bibliografie; detaillierte bibliografische Daten sind im Internet über http://dnb.d-
nb.de/ abrufbar.

Impressum:

Copyright © 2005 GRIN Verlag GmbH
Druck und Bindung: Books on Demand GmbH, Norderstedt Germany
ISBN: 978-3-640-33894-8

Dieses Buch bei GRIN:

http://www.grin.com/de/e-book/127289/hilfeplangespraeche-gemaess-36-sgb-viii-
anhand-eines-fiktiven-falls

GRIN - Your knowledge has value

Der GRIN Verlag publiziert seit 1998 wissenschaftliche Arbeiten von Studenten, Hochschullehrern und anderen Akademikern als eBook und gedrucktes Buch. Die Verlagswebsite www.grin.com ist die ideale Plattform zur Veröffentlichung von Hausarbeiten, Abschlussarbeiten, wissenschaftlichen Aufsätzen, Dissertationen und Fachbüchern.

**WESTFÄLISCHE
WILHELMS-UNIVERSITÄT
MÜNSTER**

Referatsausarbeitung:

Hilfeplangespräche

gemäß § 36 SGB VIII

Institut für Erziehungswissenschaft
Seminar: Verfahrensqualität durch Hilfeplanung
(§ 36 SGB VIII)
Sommersemester 2005
Verfasserin: Katharina Gorski

Inhaltsverzeichnis

Einleitung

Das Seminar „Verfahrensqualität durch Hilfeplanung" bezieht sich auf das Sozialgesetzbuch VIII, das Kinder- und Jugendhilfegesetz, und hierbei speziell auf Hilfeplanung nach § 36 SGB VIII. Es wurden grundlegende Merkmale der Hilfen zur Erziehung nach §§ 27 ff. SGB VIII erläutert. Durch ein Planspiel über zwei fiktive Fallgeschichten sollten die Studierenden konkret erfahren, wie eine Hilfeplanung vonstatten geht. Dazu konnte sich das Plenum in Arbeitsgruppen aufteilen. Nach einer Einführung in das Thema „Hilfeplanung gemäß § 36 SGB VIII" wird ein Fall in der folgenden Ausarbeitung näher erläutert.

1 Hilfeplanung gemäß § 36 SGB VIII

Anspruch auf Hilfe zur Erziehung haben Personensorgeberechtigte, „wenn eine dem Wohl des Kindes oder des Jugendlichen entsprechende Erziehung nicht gewährleistet ist und die Hilfe für seine Entwicklung geeignet und notwendig ist" (§ 27 SGB VIII), wobei eine „von den Hilfe-Adressaten subjektiv empfundene und von den Fachkräften des Jugendamtes sachlich nachvollzogene Form des Angewiesen-Seins auf eine pädagogische Hilfe in den Mittelpunkt" (Merchel 1998, S. 27 f) gestellt wird. Hilfe zur Erziehung bedeutet, dass neben Ausbildungs- und Beschäftigungsmaßnahmen insbesondere pädagogische und therapeutische Leistungen in Anspruch genommen werden können. Dies umfassen die §§ 28 bis 35. Dabei richtet sich Art und Umfang der Hilfe nach dem erzieherischen Bedarf.

Eingang findet eine Hilfeplanung, indem Fachkräfte des Jugendamts Familien melden, bei denen ein Hilfebedarf notwendig ist. Andernfalls melden sich die Sorgeberechtigten bzw. das Kind oder der Jugendliche selber beim Jugendamt, um dort einen Antrag auf Hilfe zu stellen. Daraufhin erfolgen den Fall reflektierende Fachgespräche sowie u.a. Beratungsgespräche mit den Sorgeberechtigten und dem Kind bzw. Jugendlichen.

Im Rahmen des zügig zu gestaltenden Entscheidungsprozesses wird ein Hilfeplan auf der Grundlage eines Hilfeplangesprächs erarbeitet, welcher unter Einbezug von Fachkräften, den Sorgeberechtigten und dem Kind bzw. Jugendlichen aufgestellt wird (Jordan 1994, S. 17). Beim Hilfeplanprozess sollen mehrere Fachkräfte zusammenwirken, um aus unterschiedlichen Ansichten und Perspektiven, auch hinsichtlich unterschiedlicher Kompetenzen, besser vorgehen zu können, was u.a. die

Entscheidungsfindung und Reflexion betrifft. Eine Zusammenarbeit im Team ist also für die fallbezogene Arbeit und Vorgehensweise unerlässlich. Zu den Fachkräften gehören u.a. Mitarbeiter des ASD[1] sowie Mitarbeiter am betreffenden Fall beteiligter Einrichtungen und Dienste (Merchel 1998, S. 67 ff).

Der Hilfeplan wird „auf Grundlage des Entscheidungsangebots aus dem (den) Fachgespräch(en) (...) mit allen Beteiligten" erstellt und abgestimmt. Er stellt den „Bedarf, die zu gewährende Art der Hilfe sowie die notwendigen Leistungen" (§ 36 SGB VIII) fest. Er enthält die Ergebnisse der Hilfeplanung, „gibt Auskunft über den erzieherischen Bedarf, über die geeignete und daher zu gewährende Art der Hilfe und über die dementsprechend notwendigen Leistungen (...), [er] ist Grundlage für die Ausgestaltung der Hilfe." (Merchel 1998, S. 29).

Abschluss findet der Hilfeplanungsprozess durch einen auf der Grundlage des Hilfeplanes erstellten Bewilligungsbescheid (Jordan 1994, S. 17 f).

Entscheidungen innerhalb des Hilfeplanprozesses bedürfen der ausdrücklichen Zustimmung der Sorgeberechtigten, daher werden sie mit ihren Erwartungen und Vorstellungen in das Hilfeplangespräch stets mit einbezogen (Jordan 1994, S. 12), um deren Ansichten und Interessen entsprechend zu berücksichtigen.

> „Eltern und ihre Kinder haben in diesem Entscheidungsprozess das letzte Wort, ob sie eine Hilfe zur Erziehung wünschen und ob sie mit dem Ergebnis der Beratung und Aushandlung über die geeignete und notwendige Hilfe einverstanden sind" (Schrapper 1994, S. 69).

Der Einbezug der Sorgeberechtigten und des Kindes bzw. Jugendlichen ist notwendig, da sie die „Koproduzenten der Dienstleistung ‚Hilfe zur Erziehung' sind und (...) ohne ihre Mitwirkung eine effektive Hilfe nicht zu gestalten ist." (Merchel 1998, S. 59).

Der Hilfeplan als „Planungsinstrument" dient als „Grundlage für die bestmögliche Hilfe im Einzelfall" (Hillmeier 1994, S. 125). Ziel des Hilfeplans, dem nach § 36 SGB VIII eine ausführliche Beratung und Information der Eltern vorausgegangen sein muss, ist es, der Herkunftsfamilie und den Personen, die für das Kind oder den Jugendlichen Hilfen erbringen, bei „der planvollen Verständigung über den erzieherischen Bedarf, die Zielsetzung der Hilfe und die Planung der Handlungsschritte" (Hillmeier 1994, S.125) zu helfen. Des Weiteren sollen die Vorstellungen und Erwartungen der

---

[1] Allgemeiner Sozialer Dienst

Betroffenen dokumentiert werden (Jordan 1994, S. 19) und dem Jugendamt als fachliche Selbstkontrolle dienen.

Die bei dem Hilfeplanprozess beteiligten Fachkräfte „sollen regelmäßig prüfen, ob die gewählte Hilfeart weiterhin geeignet und notwendig ist." (§ 36 SGB VIII). Die im Entscheidungsprozess festgelegte Hilfeart muss einer regelmäßigen, d.h. halbjährlichen Überprüfung unterliegen, „um ggf. erforderliche Korrekturen rechtzeitig vornehmen zu können." (Jordan 1994, S. 19). Hilfeplanung ist somit kontinuierlich (Merchel 1998, S. 81).

2 Fallgeschichte – Der Fall Esther

Die vorgegebene Fallgeschichte beruht auf einer Vorlage einer fiktiven Fallkonstellation, welcher einen Antrag auf wirksame Hilfen zur Erziehung für die fünfjährige Esther und ihren zweieinhalbjährigen Bruder Michael, sowie eine Stellungnahme der zuständigen Mitarbeiterin des ASD beinhaltet.

Bei Esther wurden stets Verhaltensauffälligkeiten von außenstehenden Personen wie Nachbarn, Mitarbeitern im Kindergarten etc. beobachtet. Sie wird von ihrer alkohol- und tablettensüchtigen Mutter vor allem auf emotionaler Ebene nicht ausreichend versorgt. Das Kindeswohl Esthers und ihres Bruders ist auf Grund der unzureichenden Versorgung gefährdet.

Im Sommer 1985, dasselbe Jahr, in dem Esther geboren wird, überlegen ihre Eltern eine Trennung, da es zu Komplikationen und Auseinandersetzungen zwischen den Eheleuten kommt. Das heißt, dass Esther schon von klein auf in einer sehr problembehafteten Atmosphäre aufwächst. Es kommen stets Meldungen aus der Nachbarschaft, dass Esther allein in der Wohnung gelassen wird.

Als ihr Bruder Michael geboren wird, kommt Esther auf Grund von Schwangerschaftskomplikationen der Mutter vorübergehend in eine Pflegefamilie. Auch dort werden Verhaltensauffälligkeiten bei Esther festgestellt wie beispielsweise heftiges Schaukeln des Körpers. Im Jahr 1988 erlebt Esther die endgültige Scheidung ihrer Eltern. Ihre Mutter zieht mit Esther und Michael in eine neue Wohnung.

Esther wächst in einer sehr ungünstigen Umgebung auf, in der sich viele Erwachsene befinden, wo Alkohol getrunken wird etc. Ihr ist somit ein kindgerechtes, normales und friedliches Familienleben nicht gegeben. „Auf ihre Bedürfnisse nach

4

Angenommensein, kindgerechter Umgebung, ausreichender Nachtruhe und kindgerechten Aktivitäten über Tag wurde bisher kaum eingegangen." (Vorlage, S. 1, s. Literatur- und Quellenverzeichnis).

Esther erlebt einen durchaus unregelmäßigen Tagesablauf. Ihre Mutter lässt sie bis Mittags schlafen, wodurch sie im Kindergarten häufig fehlt. Esther wird dazu des Öfteren auf nächtliche Aktivitäten der Mutter mitgenommen, oder andernfalls alleine mit ihrem Bruder in der Wohnung zurückgelassen. Esther bleibt vielfach mehr oder weniger sich selbst überlassen.

Ihr Vater, welcher ebenfalls stark alkoholabhängig ist und sehr bedrohlich und beängstigend auf sie wirkt, hat sie als Säugling und Kleinkind geschlagen.

Zur Sicherung des Kindeswohls soll in einer Erzieherkonferenz über wirksame Hilfen zur Erziehung entschieden und beraten werden.

2.1 Esthers Mutter

Esthers Mutter, Frau Kremer, ist eine junge Frau, die mit sämtlichen Umständen ihres Lebens nicht zurecht kommt. Sie wuchs selbst unter ungünstigen Lebensverhältnissen auf, stammt aus einer Familie, in der übermäßig Alkohol konsumiert wurde. Ihre Mutter starb, als Frau Kremer 15 Jahre alt war. Als ältestes Kind musste sie von da an ihren Vater sowie ihre drei jüngeren Geschwister versorgen. Ausgehend von ihrer Vergangenheit gestaltete sich ihr weiteres Leben ebenso ungünstig. 1985, mit 20 Jahren, bekommt sie Esther, ihr erstes Kind. Mit ihrem Ehemann, mit dem sie zu diesem Zeitpunkt seit ca. einem Jahr verheiratet ist, hat sie erhebliche Probleme. Eine Trennung ist im Gespräch. Beide Eheleute konsumieren neben Tabletten viel Alkohol, was u.a. bei Frau Kremer den Schwestern im Krankenhaus bei Esthers Geburt auffiel. Hilfsangebote in Form von Ehe- und Suchtberatung lehnt Frau Kremer jedoch ab. Auf Grund des enormen Bedrohtfühlens gegenüber ihres Ehemannes verbringt Frau Kremer einige Tage in einem Frauenhaus. Durch die Probleme mit ihrem Mann schenkt Frau Kremer Esther wenig Beachtung. Sie versorgt ihr Kind nicht ausreichend, was durch Nachbarn beim Jugendamt gemeldet wird. Esthers Verhaltensauffälligkeiten, die festgestellt wurden, wehrt Frau Kremer ab.

Durch zahlreiche Auseinandersetzungen mit ihrem Ehemann kommt es zu erhöhtem Alkohol- und Tablettenkonsum. 1987 bekommt Frau Kremer ihr zweites Kind, ihren

Sohn Michael. Ein Jahr darauf trennt sich Frau Kremer von ihrem Ehemann und zieht mit ihren Kindern in eine neue Wohnung.

In dieser entbrennt die Situation Frau Kremers völlig. Nachbarn beschweren sich über übermäßigen Alkoholkonsum und Lärm. Es kommen häufig fremde Leute in die Wohnung, mit denen sie in erheblichen Maßen Alkohol zu sich nimmt. Des Öfteren verlässt sie nachts die Wohnung. Ihre Kinder lässt sie meist allein zurück. Sie ist mit der Versorgung ihrer Kinder ständig überfordert.

Andererseits hängt sie sehr an ihren Kindern, klammert sich an ihnen fest und ist handlungsunfähig im Falle von Gefahr. Beispielsweise drehte sie völlig durch, als ihr Sohn auf Grund einer Mandelentzündung ins Krankenhaus geliefert wurde. Sie hängt so sehr an ihren Kindern, dass sie Androhungen macht, sie werde sich und ihren Kindern Erhebliches antun, wenn sie ihr weggenommen werden. Jedoch kann sie ihre Kinder auf Grund des Fehlens von Erfahrungen in ihrer eigenen Kindheit nicht ausreichend versorgen. Ihr fehlt der richtige Umgang mit den Kindern. Sie bringt ihre Kinder unregelmäßig in den Kindergarten und interessiert sich nicht für Elternabende und Gespräche mit Erziehern. Sie isoliert sich völlig Menschen gegenüber, die ihr bezüglich ihrer Situation weiterhelfen wollen. Nur zu einer Mitarbeiterin beim ASD baut sie eine geringe Vertrauensbasis auf, leugnet ihr gegenüber nicht ihre Alkohol- und Tablettensucht. Zu einer Suchttherapie ist sie jedoch nicht bereit bzw. sagt festgelegte Beratungstermine ab. Sie hat einen völlig unregelmäßigen Tagesablauf, was sich negativ auf ihre Kinder auswirkt. Da sie häufig überfordert ist, versucht sie, ihre Kinder beispielsweise jüngeren Kindern aus der Nachbarschaft anzuvertrauen auf Grund fehlenden Wissens über den richtigen Umgang für ihre Kinder.

Vor allem in extremen Überforderungssituationen nimmt Frau Kremer übermäßig Alkohol zu sich, flüchtet sich in ihre Sucht, um mit diesen Umständen besser zurecht zu kommen. Sie sieht wegen ihrer Verlustangst um ihre Kinder nicht ein, dass sich ihre Lebenssituation so erheblich zugespitzt hat, dass das Wohl ihrer Kinder gefährdet ist, was im ersten nachgestellten Gespräch mit der Mutter und den ASD-Mitarbeitern am 10.06.2005 deutlich wird (s. u.).

3 Ablauf der Plangespräche

Im Folgenden werden die beiden nachgestellten Plangespräche bezüglich des Falls Esther zusammengefasst und erläutert.

3.1 Erstes Gespräch - Abklärung mit der Familie

Beim ersten Fallgespräch des zweiten Durchgangs[2] am 10.06.2005 kamen zwei Mitarbeiter des ASD, Herr Claus und Frau Müller, sowie Esther und ihre Mutter zusammen.

Vordergründig dieses Gesprächs war eine Entscheidung zur nachhaltigen Verbesserung der derzeitigen Familiensituation und vor allem der Lebensumstände von Esther.

Frau Kremer zeigte eine klare Abwehrhaltung gegenüber den ASD-Mitarbeitern. Sie fühlte sich bei einigen Äußerungen Frau Müllers angegriffen und antwortete mit verachtenden Äußerungen. Sie gab ihre Überforderung nicht zu, sondern versuchte, alles zu schlichten. Ihren Kindern ginge es ihrer Meinung nach gut und sie führen ein gutes gemeinsames Familienleben.

Esther wirkte verstört, schaukelte leicht mit ihrem Oberkörper. Sie blieb die gesamte Zeit still, mit Ausnahme, als sie auf einige Fragen von Frau Müller antwortete. Sie sprach dabei sehr langsam und zögerlich. Ihre Mutter sei immer zu Hause und es sind immer viele Freunde da. Sie selber fühle sich allein. Auf eine Frage, wie sie die Familiensituation einschätze, sagte sie, dass ihre Mutter immer schimpfe. Im Urlaub war alles besser als im Moment und daher wünsche sie sich einen gemeinsamen Urlaub. Sie will nicht, dass ihre Mutter weg ist, was sie auf die Frage antwortete, ob sie sich vorstellen könne, dass ihre Mutter alleine Urlaub macht.

Frau Kremer wurde dargelegt, dass sich die Situation in der Familie stabilisieren muss. Um das zu erreichen, ist es notwendig, sich mit ihrer Sucht auseinander zusetzen. Sie hatte bisher nicht mit dem Jugendamt kooperiert, was jedoch eine große Voraussetzung ist, vor allem eine Besserung für Esther zu erreichen.

---

[2] Der erste Durchgang wurde nach einigen Minuten auf Grund einer ungünstigen Vorgehensweise der ASD-Mitarbeiter abgebrochen.

Frau Kremer jedoch wollte nicht, dass über ihren Kopf hinweg entschieden und ihr Leben verurteilt wird. Sie verteidigte sich mit dem Argument, sich auf Grund ihrer Vorgeschichte in einer sehr schwierigen Lage zu befinden. Sie bezeichnete das, was die ASD-Mitarbeiter für sie als gut empfinden, als „Spießerleben". Sie sah also nicht ein, mit dem Jugendamt zu kooperieren.

Die ASD-Mitarbeiterin Frau Müller reagierte darauf, dass es nicht um das Leben Frau Kremers ginge, sondern in erster Linie um das ihrer Kinder. Und das umfasse kein Spießer-, sondern ein strukturiertes, geordnetes Leben.

Es wurde wiederum Frau Kremers Überforderung angesprochen, welche hinsichtlich Esthers Einschulung, die in naher Zukunft bevorstünde, immer größer zu werden drohe. Frau Kremers Kooperation mit dem Jugendamt wäre also fundamental, andernfalls sehe man sich gezwungen, die Kinder anderweitig unterzubringen.

Die von Frau Müller offerierte Möglichkeit war, dass sich Frau Kremer in erster Linie um ihre Suchtprobleme kümmert. Man würde eine geeignete Entzugseinrichtung finden und sich darum kümmern, dass ihre Kinder in dieser Zeit anderweitig, d.h. in einer Pflegefamilie, untergebracht würden. Wenn Frau Kremer eine dreimonatige[3] Entziehungskur erfolgreich hinter sich gebracht hat, bekomme sie ihre Kinder zurück und es würde sich um eine dementsprechende Nachsorge gekümmert werden.

Mit der Voraussetzung, dass sie ihre Kinder definitiv zurück bekommt, willigte Frau Kremer in dieses Angebot ein.

3.2 Zweites Gespräch - Hilfeplangespräch

Dem zweiten Gespräch am 17.06.2005 ging ein psychologisches Gutachten über Esther voraus, indem berichtet wurde, dass Esther ein ausgesprochen starkes Kind mit einer überdurchschnittlichen Intelligenz sei. Menschliche Beziehungen sind allerdings für sie beängstigend. Sie verleugnet Generationsschranken und macht sich genau so groß wie die Erwachsenen. Sie empfindet Hass für ihre Mutter, weil diese sie nicht beschützt, zeigt zusätzlich eine ängstliche, abwehrende, aggressive Reaktion gegenüber Männern. Esther benötigt schützende Menschen und solche, die eine gewisse therapeutische Funktion übernehmen, mit ihr vorrangig auf Phantasieebene spielen, Zeit für sie aufbringen etc.

---

[3] Im Gespräch einigte man sich auf 3 Wochen, in der abschließenden Diskussion wurden jedoch 3 Monate als sinnvoller vorgeschlagen, was daraufhin für das Hilfeplangespräch übernommen wurde.

Am Hilfeplangespräch waren wieder Herr Claus, Frau Müller sowie Frau Kremer beteiligt. Des Weiteren nahm Frau Schulz, eine Mitarbeiterin aus Esthers Kindergarten, teil, um Esther zu vertreten.

Es sind sechs Monate vergangen seit dem letzten Gespräch. In der Zwischenzeit befand sich Frau Kremer drei Monate auf Entziehungskur, währenddessen ihre beiden Kinder bei einer Pflegefamilie untergebracht waren. Die restlichen drei Monate bis zum Hilfeplangespräch lebten die Kinder wieder bei ihrer Mutter.

Frau Kremer hat ihre Therapie hinsichtlich ihrer Suchtprobleme erfolgreich überstanden. Sie hat sich im Hinblick auf das letzte Gespräch sehr verändert. Sie war den ASD-Mitarbeitern gegenüber einsichtiger und viel zugänglicher, wusste sehr zu schätzen, dass sie ihr und ihren Kindern helfen wollen.

Seit ihrem Entzug wirkte Frau Kremer stark überfordert und wünschte sich ein neues Lebensumfeld. Ihr bisheriges Leben, was ihr nun sehr unangenehm war, wollte sie grundsätzlich verbessern. Die Kontakte zu ihren alten Bekannten, mit denen sie sich bisher fast täglich in ihrer Wohnung getroffen hatte, hat sie gänzlich aufgegeben. Sie wollte in eine andere Wohnung ziehen, um aus ihrem alten Umfeld hinauszukommen. Weiterhin wollte sie sich eine Arbeit suchen.

Nachdem sie an einer Entziehungsmaßnahme teilnahm, ist ihr klar geworden, dass sie bezüglich des Umgangs mit ihren Kindern falsch gehandelt hatte. Sie zeigte Reue und benötigte Hilfe für sich und ihre Kinder, um sich ein neues Leben aufzubauen, was sie den ASD-Mitarbeitern gegenüber klar äußerte.

Sie war sehr mitteilungsbedürftig und redete viel über ihre Probleme und den enormen Bedarf an Hilfe, d.h. an jemandem, der sie in ihren Vorhaben unterstützt und ihr diesbezüglich Anleitungen gibt. Sie wollte alles so schnell wie möglich verbessern. Dadurch kamen ihre Kinder, vor allem Esther, in diesem Gespräch zu kurz. Sie wollte, dass aus ihr selber ein „besserer Mensch" gemacht wird als Voraussetzung dafür, ihren Kindern ein besseres Leben zu bieten. In die Vorschläge, die ihr die ASD-Mitarbeiter unterbreiteten, willigte sie weitestgehend ein, mit dem Anliegen, dass ihr die Kinder nicht genommen würden.

Frau Kremers Alltag ist nach wie vor sehr unstrukturiert. Sie schläft meist bis Mittags und bringt ihre Kinder sehr unregelmäßig, d.h. zwei bis dreimal in der Woche, in den Kindergarten. Als Entschuldigung dafür gab sie an, sie habe ihre Kinder gern um sich herum, da sie sie so lange Zeit nicht gesehen hatte. Sie hielte es nicht für nötig, dass ihre Kinder so häufig im Kindergarten sind, dreimal pro Woche reichten ihrer Meinung nach völlig aus. Frau Müller unterbreitete ihr den Vorschlag, ihre Kinder an jedem Werktag in den Kindergarten zu schicken, da ihre Kinder klare Strukturen bräuchten. Am Wochenende könnte Frau Kremer genügend Zeit mit ihren Kindern verbringen. Von diesem Vorschlag war erst nicht begeistert, da sie das tägliche Bringen und Abholen zu festen Zeiten als zu stressig empfand, ließ sich jedoch kurzerhand überzeugen.

Frau Müller unterbreitete Esthers Mutter den Vorschlag, mehrmals in der Woche von einer Person Besuch zu bekommen, die ihr bei allen ihren Problemlagen zur Seite stünde, wovon Frau Kremer sehr begeistert war. Wichtig war ihr jedoch, dass es eine weibliche Person ist, da Esther bei einem Mann aggressiv würde, worauf jedoch nicht weiter eingegangen wurde.

Für Esther wurde eine Therapie vorgeschlagen, um ihr hinsichtlich ihrer Verhaltensauffälligkeiten etc. zu helfen. Frau Kremer war diesbezüglich etwas skeptisch, aus Angst, man würde ihr Esther wegnehmen. Doch auch hier willigte sie kurzerhand ein.

Das Gespräch wurde abgeschlossen mit dem Festhalten der Ziele für den Hilfeplan und einer kurzen Zusammenfassung der Ziele:

Globalziel ist die Gewährleistung von Esthers Versorgung und Familienleben. Dies wird erreicht durch einen regelmäßigen Kindergartenbesuch und eine psychotherapeutische Hilfe. Neben einem geordneten Tagesablauf soll Frau Kremer mehr auf Esther zugehen, um einen besseren Bezug zu ihr zu bekommen und Vertrauen zu ihr aufzubauen. Auch Frau Kremer selber soll eine Therapie machen, um mit ihrem Leben besser zurecht zu kommen und ihre eigenen schlechten Erfahrungen in der Kindheit besser zu verarbeiten, womit sie sich einverstanden erklärte.

5 Zusammenfassung

Zwischen den beiden Gesprächen gibt es einen deutlichen Unterschied. Im ersten Gespräch verhielt sich Frau Kremer abwehrend und uneinsichtig. Aus Angst, ihr könnten die Kinder weggenommen werden, gab sie nicht zu, überfordert zu sein und Hilfe zu benötigen. Da es keinen anderen Weg gab, ihre Kinder zu behalten, willigte sie ein, an einer Entziehungskur teilzunehmen.

Im zweiten Gespräch war Frau Kremer sehr positiv eingestellt und gegenüber den ASD-Mitarbeitern einsichtig bezüglich Esthers Problemen und einer benötigten Hilfe.

Ob sie jedoch *tatsächlich* einsieht, dass ihre Kinder schwerwiegende Probleme haben, oder ob sie nur überall einwilligt, damit sie ihre Kinder behalten darf, bleibt ungeklärt.

Anstatt eine „Hilfe für Frau Kremer" anzubieten, wäre gegebenenfalls eine gemeinsame Familientherapie oder die konkrete Benennung einer Sozialpädagogischen Familienhilfe für die ganze Familie gemäß § 31 SGB VIII sinnvoller gewesen, damit die Familie wieder zusammenfindet und die noch bestehenden Probleme, vor allem zwischen Mutter und Tochter, gemeinsam überwunden werden können.

Insgesamt hat das Jugendamt die Ziele erreicht, die problembehaftete Situation der Familie Kremer zu verbessern. Die Kinder von Frau Kremer müssen ihr nicht entzogen werden, da innerhalb der familiären Situation weitgehende Besserungen zu verzeichnen sind. Durch Frau Kremers Kooperation mit dem Jugendamt besteht eine gute Voraussetzung der nachhaltigen Verbesserung der des Kindeswohls entsprechender Lebensumstände Esthers.

Literatur- und Quellenverzeichnis

BMFSFJ (Hg.) (2000): Kinder- und Jugendhilfe (Achtes Buch Sozialgesetzbuch). Bonn.

Hillmeier, H. (1994): Der Hilfeplan – Instrument der Zusammenarbeit. In: Institut für soziale Arbeit e.V. (Hg.): Hilfeplanung und Betroffenenbeteiligung. Münster: Votum, S. 125-137.

Jordan, E. (1994): Entscheidungsfindung und Hilfeplanung im Kontext des KJHG. In: Institut für soziale Arbeit e.V. (Hg.): Hilfeplanung und Betroffenenbeteiligung. Münster: Votum, S. 11-25.

Jordan, E.: Vorlage für Seminar zur Hilfeplanung, Betr.: Planspiel „Hilfeplanung"

Merchel, J. (1998): Hilfeplanung bei den Hilfen zur Erziehung. § 36 SGB VIII. Stuttgart u.a.: Boorberg.